COMPENDIO DE ORACIONES QUE REZABA JUNTO A MI ABUELITA

First edition. September 13, 2024.

Copyright © 2024 Esmeralda Morán.

ISBN: 979-8230015420

Written by Esmeralda Morán.

Also by Esmeralda Morán

1 Misterios Gozosos (Lunes y Sábado)
Cómo Rezar el Santo Rosario Cada día (Misterios Gozosos)

CÓMO REZAR EL SANTO ROSARIO CADA DÍA. (VERSIÓN CORTA)
Cómo Rezar el Santo Rosario Cada día. Versión Corta

SERIE 2. MISTERIOS DOLOROSOS (MARTES Y VIERNES)
CÓMO REZAR EL SANTO ROSARIO. Misterios Dolorosos

SERIE 3. MISTERIOS GLORIOSOS. Miércoles y domingo
Cómo Rezar el Santo Rosario Cada día. Misterios Gloriosos

SERIE 4. MISTERIOS LUMINOSOS (JUEVES)
CÓMO REZAR EL SANTO ROSARIO. Misterios Luminosos

SERIE 6. Cómo Rezar el Santo Rosario Cada día. (Versión Completa)

Cómo Rezar el Santo Rosario Cada día

Standalone

Compendio de Oraciones que Rezaba Junto a mi Abuelita

Los Diez Mandamientos

Los Siete Pecados Capitales

Los Doce Apóstoles. Vida, Obra y Muerte

La Sagrada Familia. Jesús, María y José

Los Papas. Desde Pedro Hasta hoy

Coronilla de la Divina Misericordia

Las Diferentes Advocaciones de la Virgen María en el Mundo

Los Sacramentos de la Iglesia Católica

Los Videntes de la Virgen María

Los Dogmas Marianos

Entre las Escrituras: Un Viaje a Través de los Evangelistas, las Sagradas Escrituras y las Tradiciones Religiosas

Vía Crucis. Fundamentos Teóricos y Bíblicos

Tabla de Contenido

Esmeralda Morán

COMPENDIO DE

ORACIONES

QUE REZABA JUNTO A
MI ABUELITA

No estamos sol@s

Contenido
INTRODUCCIÓN

PRIMERA ESTACIÓN: JESÚS ES CONDENADO A MUERTE.

SEGUNDA ESTACIÓN: JESÚS CON LA CRUZ A CUESTAS

TERCERA ESTACIÓN: JESÚS CAE POR PRIMERA VEZ

CUARTA ESTACIÓN: JESÚS ENCUENTRA A SU MADRE MARÍA

QUINTA ESTACIÓN: SIMÓN EL CIRINEO AYUDA A JESÚS A LLEVAR LA CRUZ

SEXTA ESTACIÓN: VERÓNICA LIMPIA EL ROSTRO DE JESÚS

SÉPTIMA ESTACIÓN: JESÚS CAE POR SEGUNDA VEZ

OCTAVA ESTACIÓN: JESÚS CONSUELA A LAS MUJERES QUE LLORAN POR ÉL

NOVENA ESTACIÓN: JESÚS CAE POR TERCERA VEZ

DÉCIMA ESTACIÓN: JESÚS ES DESPOJADO DE SUS VESTIDURAS

DÉCIMO PRIMERA ESTACIÓN: JESÚS ES CLAVADO EN LA CRUZ

DÉCIMO SEGUNDA ESTACIÓN: JESÚS MUERE EN LA CRUZ

INTRODUCCIÓN

La memoria es un santuario donde habitan los recuerdos más preciados. Entre ellos, se encuentran aquellas oraciones que se rezaban en la intimidad del hogar, en voz baja o al unísono, guiadas por la mano amorosa de una abuelita. Este libro es un homenaje a esos momentos, un viaje al corazón de una tradición que ha sido transmitida de generación en generación, manteniendo viva la fe y la esperanza.

Desde muy temprana edad, aprendimos a orar con la guía de nuestros seres queridos. Para muchos, esa primera maestra fue una abuela: llena de sabiduría, paciencia y devoción. Sus rezos, más que simples palabras, eran un acto de amor y confianza en lo sagrado. A través de sus enseñanzas, cada oración adquirió un significado profundo, convirtiéndose en un puente entre lo terrenal y lo divino.

Este compendio no solo es una recopilación de oraciones; es un testimonio de esa conexión especial entre abuela y nieto, un lazo espiritual que se teje a través de cada palabra susurrada, cada rezo compartido. Aquí se encuentran plegarias para distintos momentos de la vida, algunas tradicionales, otras quizá exclusivas de la voz de esa mujer que supo hacer de la oración un refugio y una fortaleza.

Espero que, al recorrer estas páginas, sientas la misma calidez que se sentía al rezar junto a esa abuelita, y que encuentres en cada oración el consuelo, la fe y la paz que ella transmitía con su ejemplo.

SALMO 91

TÚ QUE HABITAS AL AMPARO del Altísimo y resides a la sombra del Omnipotente, dile al Señor: "Mi amparo, mi refugio, mi Dios, en quien yo pongo mi confianza". El te librará del lazo del cazador y del azote de la desgracia; te cubrirá con sus plumas y hallarás bajo sus alas un refugio. No temerás los miedos de la noche ni la flecha disparada de día, ni la peste que avanza en las tinieblas, ni la plaga que azota a pleno sol. Aunque caigan mil hombres a tu lado y diez mil, a tu derecha, tú estarás fuera de peligro: su lealtad será tu escudo y armadura. Basta que mires con tus ojos y verás cómo se le paga al impío. Pero tú dices: "Mi amparo es el Señor", tú has hecho del Altísimo tu asilo. La desgracia no te alcanzará ni la plaga se acercará a tu tienda: pues a los ángeles les ha ordenado que te escolten en todos tus caminos. En sus manos te habrán de sostener para que no tropiece tu pie en alguna piedra; andarás sobre víboras y leones y pisarás cachorros y dragones. "Pues a mí se acogió, lo libraré, lo protegeré, pues mi Nombre conoció. Si me invoca, yo le responderé, y en la angustia estaré junto a él, lo salvaré, le rendiré honores. Alargaré sus días como lo desea y haré que pueda ver mi salvación".

PADRE NUESTRO

PADRE NUESTRO, QUE estás en el cielo, santificado sea tu Nombre. Venga a nosotros tu reino, hágase tu voluntad, así en la Tierra como en el cielo.

Darnos hoy nuestro pan de cada día. Perdona nuestras ofensas, así como también nosotros perdonamos a los que nos ofenden; y, no nos dejes, caer en tentación, más líbranos del mal. Amén.

AVE MARÍA

DIOS TE SALVE, MARÍA, llena eres de gracia. El señor es contigo, bendita entre las mujeres y bendito es el fruto de tu vientre: Jesús.

Santa María, Madre de Dios, ruega por nosotros pecadores, ahora y en la hora de nuestra muerte. Amén.

GLORIA

GLORIA AL PADRE. GLORIA al Hijo. Gloria al Espíritu Santo. Como era en el principio, ahora y siempre, por los siglos de los siglos. Amén.

LA SEÑAL DE LA CRUZ

POR LA SEÑAL DE LA Santa Cruz, de nuestros enemigos. Líbranos, Señor, Dios nuestro. En el nombre del Padre, del Hijo y del Espíritu Santo. Amén.

EL CREDO CORTO

CREO EN DIOS PADRE todopoderoso, creador del cielo y de la tierra. Creo en Jesucristo su único hijo, nuestro señor, que fue concebido por obra y gracia del Espíritu Santo nació de Santa María siempre Virgen, padeció bajo el poder de Poncio Pilato, fue crucificado, muerto y sepultado, descendió a los infiernos, al tercer día resucitó de entre los muertos, subió a los cielos y está sentado a la derecha de Dios Padre, desde allí ha de venir a juzgar a vivos y muertos. Creo en el Espíritu Santo, la santa iglesia católica, la comunión de los Santos, el perdón de los pecados, la resurrección de los muertos, y la vida eterna. Amen.

EL CREDO LARGO

CREDO DE NICEA - CONSTANTINOPLA (Credo Largo)

Creo en un solo Dios, Padre todopoderoso, Creador del cielo y de la tierra, de todo lo visible y lo invisible.

Creo en un solo Señor, Jesucristo, Hijo único de Dios, nacido del Padre antes de todos los siglos: Dios de Dios, Luz de Luz, Dios verdadero de Dios verdadero, engendrado, no creado, de la misma naturaleza del Padre, por quien todo fue hecho; que por nosotros lo hombres, y por nuestra salvación bajó del cielo, y por obra del Espíritu Santo se encarnó de María, la Virgen, y se hizo hombre; y por nuestra causa fue crucificado en tiempos de Poncio Pilato; padeció y fue sepultado, y resucitó al tercer día, según las Escrituras, y subió al cielo, y está sentado a la derecha del Padre; y de nuevo vendrá con gloria para juzgar a vivos y muertos, y su reino no tendrá fin.

Creo en el Espíritu Santo, Señor y dador de vida, que procede del Padre y del Hijo, que con el Padre y el Hijo recibe una misma adoración y gloria, y que habló por los profetas.

Creo en la Iglesia, que es una, santa, católica y apostólica. Confieso que hay un solo bautismo para el perdón de los pecados. Espero la resurrección de los muertos y la vida del mundo futuro.

Amén.

ORACIÓN AL ESPÍRITU SANTO

VEN, ESPÍRITU SANTO, llena los corazones de tus fieles, y enciende en ellos el fuego de tu amor. Envía Señor tu Espíritu y todo será creado y renovarás la faz de la tierra.

Oh Dios omnipotente, que iluminaste los corazones de tus fieles, con la luz y la gracia del Espíritu Santo; haznos dóciles a sus inspiraciones para gustar siempre atenta y devotamente del bien y gozar de sus divinos consuelos. Por Jesucristo nuestro Señor. Amén.

LA SALVE REGINA

DIOS TE SALVE, REINA y Madre, Madre de misericordia, vida, dulzura y esperanza nuestra. Dios te salve a ti llamamos a los desterrados hijos de Eva, a ti suspiramos, gimiendo y llorando, en este valle de lágrimas.

Ea, pues, Señora, abogada nuestra, vuelve a nosotros esos tus ojos misericordiosos y, después de este destierro, muéstranos a Jesús, fruto bendito de tu vientre.

¡Oh clemente! ¡Oh piadosa! ¡Oh dulce siempre Virgen María! Ruega por nosotros, Santa Madre de Dios, para que seamos dignos de alcanzar las divinas promesas y gracias de Nuestro Señor, Jesucristo. Amén.

YO PECADOR

YO CONFIESO ANTE DIOS Todopoderoso, y ante ustedes hermanos que he pecado mucho de pensamiento, palabra, obra y omisión. Por mi culpa, por mi culpa, por mi gran culpa. Por eso ruego a Santa María siempre Virgen, a los ángeles, a los santos y a ustedes hermanos, que intercedan por mí ante Dios, Nuestro Señor. Amén.

ACTO DE CONTRICIÓN

SEÑOR MÍO, JESUCRISTO. Dios y Hombre verdadero. Creador y redentor mío, por ser vos quien sois, y porque os amo sobre todas las cosas. A mí me pesa, Señor, en el alma, de haberte ofendido. Propongo firmemente no volver a pecar, y confío en que por tu infinita misericordia, me has de conceder el perdón de mis culpas y me has de llevar a gozar de la vida eterna, por Jesucristo, Nuestro Señor, Amén.

ÁNGEL DE MI GUARDA

ÁNGEL DE MI GUARDA, dulce compañía. No me desampares, ni de noche ni de día. No me dejes solo porque me perdería.

EL MAGNÍFICAT

PROCLAMA MI ALMA LA grandeza del Señor, se alegra mi espíritu en Dios, mi salvador; porque ha mirado la humillación de su esclava.

Desde ahora me felicitarán todas las generaciones, porque el Poderoso ha hecho obras grandes por mí: su nombre es santo, y su misericordia llega a sus fieles de generación en generación.

Él hace proezas con su brazo: dispersa a los soberbios de corazón, derriba del trono a los poderosos y enaltece a los humildes, a los hambrientos los colma de bienes y a los ricos los despide vacíos.

Auxilia a Israel, su siervo, acordándose de la misericordia

–como lo había prometido a nuestros padres– en favor de Abrahán y su descendencia por siempre.

Gloria al Padre, y al Hijo, y al Espíritu Santo. Como era en el principio, ahora y siempre, por los siglos de los siglos.

Amén.

OFRECIMIENTO DEL DÍA

¡OH, SEÑORA MÍA! ¡OH, Madre mía! Yo me ofrezco enteramente a vos; y en prueba de mi filial afecto os consagro en este día mis ojos, mis oídos, mi lengua, mi corazón; en una palabra, todo mi ser. Y ya que soy todo vuestro, oh, Madre de bondad, guardadme y defendedme como cosa y posesión vuestra hasta el fin de mi vida. Amén.

DIFUNTOS

ENTRADA: Señor, dales el descanso eterno R/ y brille sobre ellos la luz eterna. Oh, Dios, tú mereces un himno en Sión y a ti se te cumplen los votos en Jerusalén; es cucha nuestras súplicas; a ti acude todo mortal. Señor, dale el descanso eterno R/ y brille sobre ellos la luz eterna.

Lectura: Dales, Señor, el descanso eterno. R/ y brille sobre ellos la luz perpetua.

El recuerdo del justo es perpetuo, no teme ser condenado. Absuelve, Señor, a los fieles difuntos de sus culpas, que con el auxilio de tu gracia logren evitar la condena y consigan la felicidad de la luz eterna.

Responso

Señor que resucitaste a Lázaro del sepulcro, **R/ Concédele el descanso eterno.**

Señor que en la cruz venciste la muerte y nos diste la vida, **R/ Concédele el descanso eterno.**

Señor que has de venir a juzgar a los vivos y a los muertos, **R/ Concédele el descanso eterno.**

Señor, ten piedad. Todos: Señor, ten piedad.

Cristo, ten piedad. Todos: Cristo, ten piedad.

Señor, ten piedad. Todos: Señor, ten piedad.

Padre nuestro, que estás en el cielo, santificado sea tu Nombre. Venga a nosotros tu reino, hágase tu voluntad, así en la Tierra como en el cielo. Darnos hoy nuestro pan de cada día. Perdona nuestras ofensas, así como también nosotros perdonamos a los que nos ofenden; y, no nos dejes, caer en tentación, más líbranos del mal. Amén.

Dios te salve, María, llena eres de gracia. El señor es contigo, bendita entre las mujeres y bendito es el fruto de tu vientre: Jesús. Santa María, Madre de Dios, ruega por nosotros pecadores, ahora y en la hora de nuestra muerte. Amén.

De toda pena y sufrimiento. R/ Libra, Señor, su alma. Descanse en paz. R/ Así sea.

Señor, escucha nuestra oración. R/ Y llegue hasta ti nuestro clamor. Oremos: Oh Dios misericordioso y dispuesto siempre a perdonar. Escucha nuestra oración por tu siervo (Se menciona el nombre de la persona fallecida), a quien has llamado de este mundo. No lo rechaces, no te olvides de él, sino llévalo al cielo que es su patria definitiva. Y porque creyó y esperó en ti, líbralo de toda pena y concédele para siempre las alegrías del cielo. Por Jesucristo, Nuestro Señor.

Descanse en paz. R/ Amén. Que su alma y las almas de todos los fieles difuntos, por la misericordia de Dios, descansen en paz. R/ Amén.

COMUNIÓN ESPIRITUAL

YO QUISIERA, SEÑOR, recibirte, con aquella pureza, humildad y devoción con la que te recibió tu Santísima Madre, con el espíritu y el fervor de todos los santos.

ORACIÓN PARA BENDECIR LOS ALIMENTOS

BENDICE SEÑOR ESTOS alimentos que vamos a recibir por tu misericordia, y bendice a quienes los han preparado. Da pan a los que tienen hambre, y hambre de justicia a los que tienen pan. Te lo pedimos por Cristo nuestro Señor. Amén.

ORACIÓN PARA ACOSTARSE

"DIOS MÍO, TE OFREZCO mi corazón, mi espíritu, mis pensamientos, mis palabras, mis acciones, todo de mí, solo para servir a tu gloria. Reitero las promesas de mi bautismo. Mi Ángel de la guarda, te agradezco por haberme guardado durante este día: ofrece a Dios todos los latidos de mi corazón mientras duermo".

ORACIÓN PARA EL REGRESO DEL VIAJE

NUESTRA SEÑORA DE LOS caminos, Te pido en mis viajes que hagas mi sendero santo, seguro, uno, tanto justo como hermoso. Que pueda encontrarme en mi viaje con compañeros peregrinos para compartir mis salmos, así como con los quebrantados y desconsolados, que los pueda bendecir en cuerpo y alma.

ORACIÓN PARA PEDIR PERDÓN A DIOS

"PADRE, EL PESO DE MIS pecados pesa mucho en mi conciencia y sé que no hay justicia en mí. Vengo a ti suplicando tu gran misericordia, y me arrepiento de todos los muchos pecados que he cometido contra ti tan gravemente. Señor, confieso que en mi orgullo y arrogancia incluso bromeé sobre tu existencia y te blasfemé en palabras y hechos, sin embargo, descubrí que enviaste a tu único Hijo, el Señor Jesucristo, para ser el único sacrificio aceptable que podría pagar el precio por mis pecados.

Señor, me arrodillo ante ti quebrantado de corazón por el mal que he hecho contra ti y suplico por tu gracia y misericordia sobre un pecador lamentable, que ha venido a confesar que Jesucristo es el Señor, y que Él es mi Salvador y Redentor.

Lava todos mis pecados y limpia mi boca y mis pensamientos de la suciedad que se ha derramado en mi corazón ennegrecido. Señor, vengo con humildad de corazón y quebrantamiento de espíritu, y rezo y agradezco que en tu misericordia enviaste a Jesús a ser el precio por mis pecados. Gracias por tu promesa que todos los que creen en Él no perecerán, sino que recibirán el perdón de sus pecados y recibirán el regalo gratuito de la vida eterna. Gracias por haber sido salvado por tu gracia, simplemente confiando en la sangre de Cristo, en cuyo nombre oro. Amén".

ORACIÓN PARA INICIAR LA NOVENA

OH DIOS MÍO, TE PIDO para mí y para aquellos a quienes aprecio, la gracia de cumplir perfectamente Tu Santa Voluntad, de aceptar por amor a Ti las alegrías y las penas de esta vida pasajera, para que un día podamos estar unidos en el cielo por toda la Eternidad.

ORACIÓN PARA ESCUCHAR LA MISA CON DEVOCIÓN

MADRE MÍA, AYÚDAME a estar en la Misa con los mismos sentimientos que tuviste Tú al pie de la Cruz. Enséñame a querer a tu Hijo, y a participar en tan sagrados misterios con dignidad, piedad y devoción. ¡Ángel Custodio, que no me distraiga!

ORACIÓN PARA CUANDO FINALICE LA MISA

GRACIAS TE DOY, SEÑOR Dios Padre todopoderoso, por todos los beneficios y señaladamente porque has querido admitirme a la participación del sacratísimo Cuerpo y Sangre de tu Unigénito Hijo. Suplícote, Padre clementísimo, que esta sagrada Comunión no sea para mi alma lazo ni ocasión de castigo, sino intercesión saludable para el perdón; sea armadura de mi fe, escudo de mi buena voluntad, muerte de todos mis vicios, exterminio de todos mis carnales apetitos y aumento de caridad, paciencia y verdadera humildad y de todas las virtudes; sea perfecto sosiego de mi cuerpo y de mi espíritu, firme defensa contra todos mis enemigos visibles e invisibles, perpetua unión contigo sólo, mi verdadero Dios y Señor, y sello feliz de mi dichosa muerte. Y te ruego que tengas por bien llevarme a mí pecador, a aquel convite inefable, donde Tú con tu Hijo y el Espíritu Santo, eres para tus santos luz verdadera, satisfacción cumplida y gozo perdurable, dicha completa, y felicidad perfecta. Por el mismo Cristo nuestro Señor. Amén.

ORACIÓN PARA LEVANTARSE

(PARA COMENZAR EL TRABAJO, el estudio, etc.)

Señor, que tu gracia nos inspire, que sostenga y acompañe nuestras obras, para que nuestro trabajo comience en Ti, como en su fuente, y tienda siempre a Ti como a su fin. Por Jesucristo nuestro Señor. Amén.

PARA EMPEZAR EL DÍA

COMIENZA EL DÍA, SEÑOR, Dios nuestro; te suplicamos que tu amor llene nuestros corazones para que nos ayudemos unos a otros. Y que todo lo que hoy hagamos sea una ofrenda para ti.

ORACIÓN PARA DESPUÉS DEL TRABAJO

CANTARÉ ETERNAMENTE las bondades del Señor y anunciaré su fidelidad por todas las generaciones. De la salida del sol hasta su ocaso, alabado sea el nombre del Señor.

Oremos: Reconocimos, Señor, que todo lo bueno que somos, recibimos y tenemos viene de ti, de tu Providencia amorosa; por eso te damos gracias de todo corazón; a ti, que vives y reinas por los siglos de los siglos. Amén.

PARA DAR GRACIAS

ME GUSTARÍA CONTAR a todos las maravillas que haces con nosotros. Tú nos amas con un amor sin fin.

¡Gracias, Señor mío! Te damos gracias, Señor, Dios omnipotente, por tantos beneficios como nos das. A Ti, que vives y reinas por los siglos de los siglos. Amén.

ORACIÓN PARA SALIR DE VIAJE

ÁNGEL DE DIOS QUE ERES mi custodio, ilumíname, guárdame, guíame y defiéndeme, puesto que a ti me ha confiado la bondad divina. Amén.

DULCE MADRE

DULCE MADRE, NO TE alejes, tu vista de mí no apartes ven conmigo a todas partes y sólo nunca me dejes, ya que me quieres tanto como verdadera Madre, cúbrenos con tu Manto y haz que nos bendiga el Padre, el Hijo y el Espíritu Santo. Amén.

ORACIONES PARA DESPUÉS DE LA COMUNIÓN

ACTO DE FE

¡Señor mío, Jesucristo!, creo que verdaderamente estás dentro de mí con tu Cuerpo, Sangre, Alma y Divinidad, y lo creo más firmemente que si lo viese con mis propios ojos.

ACTO DE ADORACIÓN

¡OH, JESÚS MÍO!, TE adoro presente dentro de mí, y me uno a María Santísima, a los ángeles y a los santos para adorarte como te mereces.

ACTO DE ACCIÓN DE GRACIAS

TE DOY GRACIAS, JESÚS mío, de todo corazón, porque has venido a mi alma. Virgen Santísima, Ángel de mi guarda, ángeles y santos del cielo, dad por mí gracias a Dios.

ORACIÓN ESPIRITUAL

(TOMADA DE LAS PRAECES selectae). Alma de Cristo, santifícame.
Cuerpo de Cristo, sálvame. Sangre de Cristo, embriágame.
Agua del costado de Cristo, lávame. Pasión de Cristo, confórtame.
¡Oh, buen Jesús!, óyeme.
Dentro de tus llagas, escóndeme. No permitas que me aparte de ti
Del maligno enemigo, defiéndeme.

En la hora de mi muerte, llámame. Y mándame ir a ti para que con tus santos te alabe.

Por los siglos de los siglos. Amén.

AL COMENZAR UN RATO DE ORACIÓN

(DE SAN JOSEMARÍA).

Señor mío y Dios mío, creo firmemente que estás aquí, que me ves, que me oyes. Te adoro con profunda reverencia, te pido perdón por mis pecados y gracia para hacer con fruto este rato de oración. Madre mía inmaculada, San José mi padre y señor, Ángel de mi guarda, interceded por mí.

AL TERMINAR LA ORACIÓN

(DE SAN JOSEMARÍA).

Te doy gracias, Dios mío, por los buenos propósitos, afectos e inspiraciones que me has comunicado en esta meditación; te pido ayuda para ponerlos por obra. Madre mía inmaculada, San José mi padre y señor, Ángel de mi guarda, interceded por mí.

ORACIÓN PARA INICIAR EL ESTUDIO

ORACIÓN DE SANTO TOMÁS para el estudio (Oración para comenzar a estudiar)

¡Oh inefable Creador nuestro, Altísimo principio y fuente verdadera de luz y sabiduría, dígnate infundir el rayo de tu claridad sobre las tinieblas de mi inteligencia, removiendo la doble oscuridad con la que nací: la del pecado y la ignorancia! ¡Tú, que haces elocuentes las lenguas de los pequeños, instruye la mía, e infunde en mis labios la gracia de tu bendición! Dame agudeza para entender, capacidad para retener, método y facilidad para atender, sutileza para interpretar y gracia abundante para hablar. Dame acierto al empezar, dirección al progresar y perfección al acabar ¡Oh Señor! Dios y hombre verdadero, que vives y reinas por los siglos de los siglos. Amén.

ORACIÓN PARA TODOS LOS DÍAS DEL MES

¡OH, MARÍA!, DURANTE el bello mes que os está consagrado, todo resuena con vuestro nombre y alabanza. Vuestro santuario resplandece con nuevo brillo, y nuestras manos os han elevado un trono de gracia y de amor, desde donde presidís nuestras fiestas y escucháis nuestras oraciones y votos. Para honraros hemos esparcido frescas flores a vuestros pies, y adornado vuestra frente con guirnaldas y coronas. Mas, ¡oh, María!, no os dais por satisfecha con estos homenajes. Hay flores cuya frescura y lozanía jamás pasan y coronas que no se marchitan. Éstas son las que vos esperáis de vuestros hijos, porque el más hermoso adorno de una madre es la piedad de sus hijos, y la más bella corona que pueden deponer a sus pies es la de sus virtudes. Sí, los lirios que vos nos pedís son la inocencia de nuestros corazones. Nos esforzaremos, pues, durante el curso de este mes consagrado a vuestra gloria, ¡Oh Virgen Santa!, en conservar nuestras almas puras y sin manchas, y en separar de nuestros pensamientos, deseos y miradas aún la sombra misma del mal. La rosa cuyo brillo agrada a vuestros ojos es la caridad, el amor a Dios y a nuestros hermanos. Nos amaremos, pues, los unos a los otros, como hijos de una misma familia cuya Madre sois, viviendo todos en la dulzura de una concordia fraternal. En este mes bendito, procuraremos cultivar en nuestros corazones la humildad, modesta flor que os es tan querida, y con vuestro auxilio llegaremos a ser puros, humildes, caritativos, pacientes y resignados. ¡Oh María!, haced producir en el fondo de nuestros corazones todas estas amables virtudes; que ellas broten, florezcan y den al fin frutos de gracia, para poder ser algún día dignos hijos de la más santa y la mejor de las madres, Amén.

ORACIÓN FINAL

¡OH, MARÍA, MADRE DE Jesús, nuestro Salvador, y nuestra buena Madre! Nosotros venimos a ofreceros con estos obsequios que colocamos a vuestros pies, nuestros corazones deseosos de seros agradables, y a solicitar de vuestra bondad un nuevo ardor en vuestro santo servicio. Dignaos presentarnos a vuestro divino Hijo que, en vista de sus méritos y a nombre de su Santa Madre, dirija nuestros pasos por el sendero de la virtud, que haga lucir con nuevo esplendor la luz de la fe sobre los infortunados pueblos que gimen por tanto tiempo en las tinieblas del error; que vuelvan hacia Él y cambie tantos corazones rebeldes, cuya penitencia regocijará su corazón y el vuestro. Que convierta a los enemigos de su Iglesia, y que, en fin, encienda por todas partes el fuego de su ardiente caridad; que nos colme de alegría en medio de las tribulaciones de esta vida y de esperanza para el porvenir. Amén.

ORACIÓN PARA CUANDO TERMINA LA EXPOSICIÓN DEL SANTÍSIMO

BENDITO SEA DIOS. BENDITO sea su Santo Nombre. Bendito sea Jesucristo verdadero Dios y verdadero hombre. Bendito sea el Nombre de Jesús. Bendito sea su Sacratísimo Corazón. Bendito sea su preciosísima Sangre. Bendito sea Jesús en el Santísimo Sacramento del Altar. Bendito sea el Espíritu Santo Paráclito. Bendita sea la Excelsa Madre de Dios la Santísima Virgen María. Bendita sea su Santa e Inmaculada Concepción. Bendita sea su gloriosa Asunción. Bendito sea el Nombre de María, Virgen y Madre. Bendito sea San José su castísimo esposo.

Bendito sea Dios en su Ángeles y en sus Santos.

ORACIÓN POR LA FAMILIA

(SANTA TERESA DE CALCUTA) Padre Celestial, Padre Celestial, nos has dado un modelo de vida en la Sagrada Familia de Nazaret.

Ayúdanos, Padre amado, a hacer de nuestra familia otro Nazaret, donde reine el amor, la paz y la alegría. Que sea profundamente contemplativa, intensamente eucarística y vibrante con alegría. Ayúdanos a permanecer unidos por la oración en familia en los momentos de gozo y de dolor. Enséñanos a ver a Jesucristo en los miembros de nuestra familia, especialmente en los momentos de angustia. Haz que el corazón de Jesús Eucaristía haga nuestros corazones mansos y humildes como el suyo, y ayúdanos a sobrellevar las obligaciones familiares de una manera santa. Haz que nos amemos más y más unos a otros cada día como Dios nos ama a cada uno de nosotros, y a perdonarnos mutuamente nuestras faltas como Tú perdonas nuestros pecados. Ayúdanos, oh Padre amado, a recibir todo lo que nos das y a dar todo lo que quieres recibir con una gran sonrisa. Inmaculado Corazón de María, causa de nuestra alegría, ruega por nosotros. Santos Ángeles de la Guarda, permaneced a nuestro lado, guiadnos y protegednos. Amén.

ORACIÓN SAN JUAN PABLO II

(CANONIZADO EL 27 ABRIL de 2014) Karol Jozef Wojtyla

¡Oh San Juan Pablo, desde la ventana del cielo dónanos tu bendición! Bendice la Iglesia, que tú has amado, servido y guiado, animándola a caminar con coraje por los senderos del mundo para llevar a Jesús a todos y a todos a Jesús. Bendice a los jóvenes, que han sido tu gran pasión. Concédeles volver a soñar, volver a mirar hacia lo alto para encontrar la luz, que ilumina los caminos de la vida en la tierra. Bendice las familias, ¡bendice cada familia! Tú advertiste el asalto de Satanás contra esta preciosa e indispensable chispita de cielo, que Dios encendió sobre la tierra. San Juan Pablo, con tu oración protege las familias y cada vida que brota en la familia. Ruega por el mundo entero, todavía marcado por tensiones, guerras e injusticias. Tú te opusiste a la guerra, invocando el diálogo y sembrando el amor: ruega por nosotros, para que seamos incansables sembradores de paz. Oh, San Juan Pablo, desde la ventana del cielo, donde te vemos junto a María, haz descender sobre todos nosotros la bendición de Dios. Amén.

ORACIÓN DE SAN FRANCISCO POR LA PAZ

HAZME UN INSTRUMENTO de tu paz. Donde haya odio, que lleve yo el Amor.

Donde haya ofensa, que lleve yo el Perdón.

Donde haya discordia, que lleve yo la Unión.

Donde haya duda, que lleve yo la Fe. Donde haya error, que lleve yo la Verdad. Donde hay desesperación, que lleve yo la Alegría.

Donde haya tinieblas, que lleve yo la Luz. Oh, Señor, haz que yo no busque tanto ser consolado, sino consolar; ser comprendido, sino comprender; ser amado, como amar.

Porque es: Dando que se recibe; Perdonando que se es perdonado; Muriendo que se resucita a la Vida Eterna.

BENDICIÓN DE LA MESA

BENDICE, SEÑOR, A CUANTOS hoy comemos este pan. Bendice a quienes lo hicieron, a quienes no lo tendrán, y haz que, juntos, lo comamos en la Mesa celestial. Gracias te damos, Señor, por el pan que nos mantiene, y enséñanos a compartirlo con los que no lo tienen.

ORACIÓN POR LA FAMILIA

BENDECIMOS TU NOMBRE, Oh Señor por enviar a tu propio Hijo encarnado a formar parte de una familia, para que, al vivir en ella, experimentara sus preocupaciones y alegrías. Te pedimos, Señor, que cuides y protejas nuestras familias, para que, en la fuerza de tu gracia, sus miembros tengan prosperidad, posean el regalo invaluable de tu paz, y como Iglesia viviente en el hogar, testimonien de tu gloria en este mundo. Te lo pedimos por Cristo nuestro Señor. Amén.

EL RAYO DE TU CLARIDAD

TÚ, SEÑOR, QUE ERES la verdadera fuente de luz y de sabiduría y el soberano principio de todo, dígnate a difundir sobre las tinieblas de mi entendimiento el rayo de tu claridad. Remueve en mis muchos frutos de cosas buenas.

BENDITA SEA TU PUREZA

BENDITA SEA TU PUREZA y eternamente lo sea, pues todo un Dios se recrea, en tan graciosa belleza. A Ti celestial princesa, Virgen Sagrada María, te ofrezco en este día, alma, vida y corazón. Mírame con compasión, no me dejes, Madre mía. Bendito y alabado sea el Santísimo Sacramento del Altar, la limpia Concepción. Por siempre amén Jesús, María, José Amén.

BENDICIONES COTIDIANAS

QUE DIOS TE BENDIGA. Que Dios te proteja. Que Dios esté contigo. Que Dios esté en tu corazón. Que Dios te bendiga y te proteja.

BAJO TU AMPARO

BAJO TU AMPARO NOS acogemos, ¡Oh, Santa Madre de Dios!

No desoigas nuestras súplicas en nuestras tentaciones, antes bien, líbranos de todo mal.

¡Oh, Madre santa y bendita!

Ruega por nosotros, Santa Madre de Dios, para que seamos dignos de alcanzar las promesas de Nuestro Señor Jesucristo.

Omnipotente y sempiterno Dios, que, con la cooperación del Espíritu Santo, preparaste el cuerpo y el alma de la gloriosa Virgen y Madre María para que fuese merecedora de ser digna morada de tu Hijo; concédenos que celebramos con alegría su conmemoración, por su piadosa intercesión seamos liberados de los males presentes y de la muerte eterna. Por el mismo Cristo nuestro Señor. Amén.

PADRE ETERNO

CONVIERTE HACIA TI nuestros corazones, para que, viviendo consagrados a tu servicio, te busquemos siempre a ti, que eres lo único necesario, y practiquemos la caridad en todas nuestras acciones. Por nuestro Señor Jesucristo tu Hijo, quien contigo y el Espíritu Santo vive y reina por los siglos de los siglos. Amén.

ORACIÓN AL ÁNGEL DE LA GUARDA

ÁNGEL DE LA GUARDA, dulce compañía, no me desampares, ni de noche ni de día, hasta que me pongas en paz y en alegría con todos los santos, Jesús, José y María. Niño Jesús ven a mi cama. Dame un besito y hasta mañana.

ORACIÓN AL ÁNGEL DE LA GUARDA

(VERSIÓN REDUCIDA)

Ángel de mi Guarda, dulce compañía, no me desampares, ni de noche ni de día, si me dejas solo(a), qué será de mí, angelito mío, ruega a Dios por mí.

HIMNO DE LAUDES AL ÁNGEL DE LA GUARDA

(VERSIÓN LARGA)

Ángel santo de la guarda, compañero de mi vida, tú que nunca me abandonas, ni de noche ni de día. Aunque espíritu invisible, sé que te hallas a mi lado, escuchas mis oraciones y cuentas todos mis pasos. En las sombras de la noche, me defiendes del demonio, tendiendo sobre mi pecho tus alas de nácar y oro. En presencia de los Ángeles, suba al cielo nuestro canto: gloria al Padre, gloria al Hijo, gloria al Espíritu Santo. Amén.

JESÚS, JOSÉ Y MARÍA

JESÚS, JOSÉ Y MARÍA, os doy mi corazón y el alma mía.

CON DIOS ME ACUESTO

CON DIOS ME ACUESTO, con Dios me levanto, con la Virgen María y el Espíritu Santo.

JESUSITO DE MI VIDA

JESUSITO DE MI VIDA, eres niño como yo, por eso te quiero tanto y te doy mi corazón.

CUATRO ESQUINITAS

CUATRO ESQUINITAS TIENE mi cama, cuatro angelitos que me la guardan, dos a los pies, dos a la cabecera y la Virgen María que es mi compañera.

CUATRO ESQUINITAS

(VERSIÓN REDUCIDA)

Cuatro esquinitas tiene mi cama, cuatro angelitos guardan mi alma.

SANTO ÁNGEL DEL SEÑOR

SANTO ÁNGEL DEL SEÑOR, mi celoso guardián, si a ti me confió la piedad divina, vigílame y guárdame, ilumíname siempre.

MI BUEN JESÚS

MI BUEN JESÚS, VERDADERO hijo de la Virgen María, acompáñame esta noche, y mañana todo el día.

SEÑOR TODOPODEROSO

OH, SEÑOR TODOPODEROSO, concédenos una noche tranquila y, al final de la vida, una muerte santa. Amén.

ANTÍFONA FINAL A LA VIRGEN MARÍA

OH, MADRE DEL REDENTOR, puerta del cielo, socorre y alienta al pueblo que ha caído, pues intenta levantarse. Virgen pura, cuyo Creador nació de ti, ten piedad de nosotros y escucha al ángel que te saluda. Amén.

AL ESPÍRITU SANTO

VEN, ESPÍRITU SANTO, ilumina nuestros corazones y llénalos con el fuego de tu amor.

COMUNIÓN ESPIRITUAL

CREO, JESÚS MÍO, QUE estáis realmente presente en el Santísimo Sacramento del Altar. Os amo sobre todas las cosas y deseo recibiros en mi alma. Pero como ahora no puedo recibiros sacramentado, venid a lo menos espiritualmente a mi corazón. Y como si ya os hubiese recibido, os abrazo y me uno del todo a Ti. Señor, no permitas que jamás Me aparte de Ti. Amén. (San Alfonso María de Ligorio).

A vuestros pies, ¡oh mi Jesús! me postro y os ofrezco el arrepentimiento de mi corazón contrito, que se hunde en la nada ante vuestra santísima presencia. Yo os adoro en el Sacramento de vuestro amor, la inefable Eucaristía, deseo recibiros en la pobre morada que os ofrece el alma mía. Esperando la felicidad de la comunión sacramental, yo quiero poseeros en espíritu. Venid a mí, puesto que yo voy a Vos, ¡oh Jesús mío!, y que vuestro amor inflame todo mi ser en la vida y en la muerte. Creo en Vos y espero en Vos. Así sea. (Cardenal Rafael Merry del Val).

ORACIÓN A LA SAGRADA FAMILIA

JESÚS, MARÍA Y JOSÉ en vosotros contemplamos el esplendor del verdadero amor, a vosotros, confiados, nos dirigimos. Santa Familia de Nazaret, haz también de nuestras familias lugar de comunión y cenáculo de oración, auténticas escuelas del Evangelio y pequeñas iglesias domésticas. Santa Familia de Nazaret, que nunca más haya en las familias episodios de violencia, de cerrazón y división; que quien haya sido herido o escandalizado sea pronto consolado y curado. Santa Familia de Nazaret, haz tomar conciencia a todos del carácter sagrado e inviolable de la familia, de su belleza en el proyecto de Dios. Jesús, María y José, escuchad, acoged nuestra súplica. Amén.

(Papa Francisco, Amoris Laetitia, 325)

ORACIÓN A SAN JOSÉ

SALVE, CUSTODIO DEL Redentor y esposo de la Virgen María. A ti Dios confió a su Hijo, en ti María depositó su confianza, contigo Cristo se forjó como hombre. Oh, bienaventurado José, muéstrate, padre también a nosotros y guíanos en el camino de la vida. Concédenos gracia, misericordia y valentía, y defiéndenos de todo mal. Amén.

(Papa Francisco, Patris Corde)

TE DEUM

A TI, OH DIOS, TE ALABAMOS, a ti, Señor, te reconocemos. A ti, eterno Padre, te venera toda la creación. Los ángeles todos, los cielos y todas las potestades te honran. Los querubines y serafines te cantan sin cesar: Santo, Santo, Santo es el Señor, Dios del universo. Los cielos y la tierra están llenos de la majestad de tu gloria. A ti te ensalza el glorioso coro de los Apóstoles, la multitud admirable de los Profetas, el blanco ejército de los mártires. A ti la Iglesia santa, extendida por toda la tierra, te proclama: Padre de inmensa majestad, Hijo único y verdadero, digno de adoración, Espíritu Santo, Defensor. Tú eres el Rey de la gloria, Cristo. Tú eres el Hijo único del Padre. Tú, para liberar al hombre, aceptaste la condición humana sin desdeñar el seno de la Virgen. Tú, rotas las cadenas de la muerte, abriste a los creyentes el reino del cielo. Tú te sientas a la derecha de Dios en la gloria del Padre. Creemos que un día has de venir como juez. Te rogamos, pues, que vengas en ayuda de tus siervos, a quienes redimiste con tu preciosa sangre. Haz que en la gloria eterna nos asociemos a tus santos. Salva a tu pueblo, Señor, y bendice tu heredad. Sé su pastor y ensálzalo eternamente. Día tras día te bendecimos y alabamos tu nombre para siempre, por eternidad de eternidades. Dígnate, Señor, en este día guardarnos del pecado. Ten piedad de nosotros, Señor, ten piedad de nosotros. Que tu misericordia, Señor, venga sobre nosotros, como lo esperamos de ti. En ti, Señor, confié, no me veré defraudado para siempre.

REGINA COELI

REINA DEL CIELO ALÉGRATE; aleluya. Porque el Señor a quien has merecido llevar; aleluya. Ha resucitado según su palabra; aleluya. Ruega al Señor por nosotros; aleluya. Gózate y alégrate, Virgen María; aleluya. Porque verdaderamente ha resucitado el Señor; aleluya.

Oremos: Oh Dios, que en la gloriosa resurrección de tu Hijo has devuelto la alegría al mundo entero, por intercesión de la Virgen María, concédenos disfrutar de la alegría de la vida eterna. Por Cristo, Nuestro Señor. Amén.

ÁNGEL DE DIOS

ÁNGEL DE DIOS, QUE eres mi custodio, pues la bondad divina me ha encomendado a ti, ilumíname, guárdame, defiéndeme y gobiérname. Amén

ACTO DE CARIDAD

DIOS MÍO, TE AMO SOBRE todas las cosas y al prójimo por ti, porque Tú eres el infinito, sumo y perfecto Bien, digno de todo amor. Quiero vivir y morir en este amor. Amén

VENI CREATOR

VEN, ESPÍRITU CREADOR, visita las almas de tus fieles llena con tu divina gracia, los corazones que creaste. Tú, a quien llamamos Paráclito, don de Dios Altísimo, fuente viva, fuego, caridad y espiritual unción. Tú derramas sobre nosotros los siete dones; Tú, dedo de la diestra del Padre; Tú, fiel promesa del Padre; que inspiras nuestras palabras. Ilumina nuestros sentidos; infunde tu amor en nuestros corazones; y, con tu perpetuo auxilio, fortalece la debilidad de nuestro cuerpo. Aleja de nosotros al enemigo, danos pronto la paz, sé nuestro director y nuestro guía, para que evitemos todo mal. Por ti conozcamos al Padre, al Hijo revélanos también; Creamos en ti, su Espíritu, por los siglos de los siglos Gloria a Dios Padre, y al Hijo que resucitó, y al Espíritu Consolador, por los siglos de los siglos. Amén.

SANTA BÁRBARA DONCELLA

SANTA BÁRBARA DONCELLA, que en el cielo fuiste estrella, en el mundo la más bella, líbranos de la centella y del rayo malagrado. Jesucristo fue crucificado en el árbol de la Cruz. Cristo rey vino en paz, Dios se hizo hombre, el verbo se hizo carne y habitó entre nosotros.

CÓMO REALIZAR LA ORACIÓN A SANTA BÁRBARA

OH, SANTA BÁRBARA, poderosa protectora, A ti recurrimos en estos momentos de tormenta y tempestad. Con tu fuerza y valentía, aleja los vientos y las ráfagas violentas, Calma los truenos y relámpagos que amenazan nuestra tranquilidad.

Oh, Santa Bárbara, defensora de los marineros y viajeros, Guíanos a través de esta tormenta con seguridad y sin peligro. Protege nuestras casas y hogares de cualquier daño o destrucción, Concede tu divina protección a todos los seres vivientes en esta situación. Oh, Santa Bárbara, patrona de los cielos y los elementos, Con tu intercesión, desvanece la furia de la naturaleza. Trae consuelo a quienes temen por sus vidas y sus seres queridos, Brinda esperanza a aquellos que han perdido todo en esta adversidad. Oh, Santa Bárbara, escucha nuestras plegarias en este momento de necesidad, intercede ante Dios Todopoderoso para que nos conceda paz y calma. En tu nombre, Santa Bárbara, confiamos y encontramos fortaleza, Gracias por tu protección y tu amor, ahora y siempre. Amén.

ACTO DE CONSAGRACIÓN AL CORAZÓN INMACULADO DE MARÍA

OH MARÍA, MADRE DE Dios y Madre nuestra, nosotros, en esta hora de tribulación, recurrimos a ti. Tú eres nuestra Madre, nos amas y nos conoces, nada de lo que nos preocupa se te oculta. Madre de misericordia, muchas veces hemos experimentado tu ternura providente, tu presencia que nos devuelve la paz, porque tú siempre nos llevas a Jesús, Príncipe de la paz.

Nosotros hemos perdido la senda de la paz. Hemos olvidado la lección de las tragedias del siglo pasado, el sacrificio de millones de caídos en las guerras mundiales. Hemos desatendido los compromisos asumidos como Comunidad de Naciones y estamos traicionando los sueños de paz de los pueblos y las esperanzas de los jóvenes. Nos hemos enfermado de avidez, nos hemos encerrado en intereses nacionalistas, nos hemos dejado endurecer por la indiferencia y paralizar por el egoísmo. Hemos preferido ignorar a Dios, convivir con nuestras falsedades, alimentar la agresividad, suprimir vidas y acumular armas, olvidándonos de que somos custodios de nuestro prójimo y de nuestra casa común. Hemos destrozado con la guerra el jardín de la tierra, hemos herido con el pecado el corazón de nuestro Padre, que nos quiere hermanos y hermanas. Nos hemos vuelto indiferentes a todos y a todo, menos a nosotros mismos. Y con vergüenza decimos: perdónanos, Señor.

En la miseria del pecado, en nuestros cansancios y fragilidades, en el misterio de la iniquidad del mal y de la guerra, tú, Madre Santa, nos recuerdas que Dios no nos abandona, sino que continúa mirándonos con amor, deseoso de perdonarnos y levantarnos de nuevo. Es Él quien te ha entregado a nosotros y ha puesto en tu Corazón inmaculado un refugio para la Iglesia y para la humanidad. Por su bondad divina estás con nosotros, e incluso en las vicisitudes más adversas de la historia nos conduces con ternura.

Por eso recurrimos a ti, llamamos a la puerta de tu Corazón, nosotros, tus hijos queridos que no te cansas jamás de visitar e invitar a la conversión. En esta hora oscura, ven a socorrernos y consolarnos. Repite a cada uno de nosotros: "¿Acaso no estoy yo aquí, que soy tu Madre?". Tú sabes cómo desatar los enredos de nuestro corazón y los nudos de nuestro tiempo. Ponemos nuestra confianza en ti. Estamos seguros de que tú, sobre todo en estos momentos de prueba, no desprecias nuestras súplicas y acudes en nuestro auxilio.

Así lo hiciste en Caná de Galilea, cuando apresuraste la hora de la intervención de Jesús e introdujiste su primer signo en el mundo. Cuando la fiesta se había convertido en tristeza le dijiste: «No tienen vino» (Jn 2,3). Repíteselo otra vez a Dios, oh Madre, porque hoy hemos terminado el vino de la esperanza, se ha desvanecido la alegría, se ha aguado la fraternidad. Hemos perdido la humanidad, hemos estropeado la paz. Nos hemos vuelto capaces de todo tipo de violencia y destrucción. Necesitamos urgentemente tu ayuda materna.

Acoge, oh Madre, nuestra súplica. Tú, estrella del mar, no nos dejes naufragar en la tormenta de la guerra.

Tú, arca de la nueva alianza, inspira proyectos y caminos de reconciliación. Tú, "tierra del Cielo", vuelve a traer la armonía de Dios al mundo. Extingue el odio, aplaca la venganza, enséñanos a perdonar.

Líbranos de la guerra, preserva al mundo de la amenaza nuclear. Reina del Rosario, despierta en nosotros la necesidad de orar y de amar.

Reina de la familia humana, muestra a los pueblos la senda de la fraternidad.

Reina de la paz, obtén para el mundo la paz.

Que tu llanto, oh Madre, conmueva nuestros corazones endurecidos. Que las lágrimas que has derramado por nosotros hagan florecer este valle que nuestro odio ha secado. Y mientras el ruido de las armas no enmudece, que tu oración nos disponga a la paz. Que tus manos maternas acaricien a los que sufren y huyen bajo el peso de las bombas. Que tu abrazo materno consuele a los que se ven obligados a dejar sus hogares y su país. Que tu Corazón afligido nos mueva a la compasión, nos impulse a abrir puertas y a hacernos cargo de la humanidad herida y descartada.

Santa Madre de Dios, mientras estabas al pie de la cruz, Jesús, viendo al discípulo junto a ti, te dijo: «Ahí tienes a tu hijo» (Jn 19,26), y así nos encomendó a ti. Después dijo al discípulo, a cada uno de nosotros:

«Ahí tienes a tu madre» (v. 27). Madre, queremos acogerte ahora en nuestra vida y en nuestra historia. En esta hora la humanidad, agotada y abrumada, está contigo al pie de la cruz. Y necesita encomendarse a ti, consagrarse a Cristo a través de ti. El pueblo ucraniano y el pueblo ruso, que te veneran con amor, recurren a ti, mientras tu Corazón palpita por ellos y por todos los pueblos diezmados a causa de la guerra, el hambre, las injusticias y la miseria.

Por eso, Madre de Dios y nuestra, nosotros solemnemente encomendamos y consagramos a tu Corazón inmaculado nuestras personas, la Iglesia y la humanidad entera, de manera especial Rusia y Ucrania. Acoge este acto nuestro que realizamos con confianza y amor, haz que cese la guerra, provee al mundo de paz. El "sí" que brotó de tu Corazón abrió las puertas de la historia al Príncipe de la paz; confiamos que, por medio de tu Corazón, la paz llegará. A ti, pues, te consagramos el futuro de toda la familia humana, las necesidades y las aspiraciones de los pueblos, las angustias y las esperanzas del mundo.

Que a través de ti la divina Misericordia se derrame sobre la tierra, y el dulce latido de la paz vuelva a marcar nuestras jornadas. Mujer del sí, sobre la que descendió el Espíritu Santo, vuelve a traernos la armonía de Dios. Tú que eres "fuente viva de esperanza", disipa la sequedad de nuestros corazones. Tú que has tejido la humanidad de Jesús, haz de nosotros constructores de comunión. Tú que has recorrido nuestros caminos, guíanos por sendas de paz. Amén.

ORACIONES FUERTES

El Ángelus
- La Coronilla de la Divina Misericordia
- El Santo Rosario
- El Vía Crucis

EL ÁNGELUS

EL ÁNGEL DEL SEÑOR anunció a María y Ella concibió por obra del Espíritu Santo.

Dios te salve, María, llena eres de gracia. El señor es contigo, bendita entre las mujeres y bendito es el fruto de tu vientre: Jesús. Santa María, Madre de Dios, ruega por nosotros pecadores, ahora y en la hora de nuestra muerte. Amén.

He aquí la esclava del Señor, hágase en mi según tu palabra.

Dios te salve, María, llena eres de gracia. El señor es contigo, bendita entre las mujeres y bendito es el fruto de tu vientre: Jesús. Santa María, Madre de Dios, ruega por nosotros pecadores, ahora y en la hora de nuestra muerte. Amén.

Y el Verbo de Dios se hizo carne y habitó entre nosotros. Dios te salve, María, llena eres de gracia. El señor es contigo, bendita entre las mujeres y bendito es el fruto de tu vientre: Jesús. Santa María, Madre de Dios, ruega por nosotros pecadores, ahora y en la hora de nuestra muerte. Amén.

Ruega por nosotros, Santa Madre de Dios, para que seamos dignos de alcanzar,

las promesas y gracias de nuestro Señor Jesucristo.

Oremos: Oh Padre, Infunde en nuestra alma tu gracia. Tú, que en la anunciación del Ángel nos has revelado la encarnación de tu Hijo, por su pasión y su cruz condúcenos a la gloria de la resurrección. Por Cristo, Nuestro Señor. Amén.

CORONILLA DE LA DIVINA MISERICORDIA

PARA RECITAR LA CORONILLA de la Divina Misericordia se usa un rosario normal y se sigue esta secuencia:

1. La señal de la Cruz: En el nombre del Padre y del Hijo y del Espíritu Santo. Amén.
2. Padre Nuestro
3. Ave María
4. Credo (Símbolo de los Apóstoles)
5. En cada grano mayor del Rosario, cuando normalmente se dice el Padre Nuestro, diga:

Padre Eterno, Te ofrezco el Cuerpo, la Sangre, el Alma y la Divinidad de Tu amadísimo Hijo, Nuestro Señor Jesucristo, como propiciación de nuestros pecados y los del mundo entero.

6- En cada grano menor del Rosario, cuando normalmente se dice el Ave María, diga:

Por Su dolorosa Pasión, ten misericordia de nosotros y del mundo entero.

7- Invocación: Al final de la corona, la siguiente oración se reza tres veces seguidas:

Santo Dios, Santo Fuerte, Santo Inmortal, ten misericordia de nosotros y del mundo entero.

Oración para concluir (opcional)

Oh Dios Eterno, en quien la misericordia es infinita y el tesoro de compasión inagotable, vuelve a nosotros Tu mirada bondadosa y aumenta Tu misericordia en nosotros, para que en momentos difíciles no nos desesperemos ni nos desalentemos, sino que, con gran confianza, nos sometamos a Tu santa voluntad, que es el Amor y la Misericordia mismos. Amén.

EL SANTO ROSARIO

Misterios gozosos (lunes y sábado)

1. El anuncio del ángel a la Virgen María.
2. La visita de Nuestra Señora a su prima Santa Isabel.

3. El nacimiento del Hijo de Dios en Belén.
4. La Presentación del Niño Jesús en el templo.
5. El Niño Jesús perdido y hallado al tercer día en el templo.

Misterios luminosos (jueves)

1. El Bautismo de Jesús en el Jordán.
2. El primer milagro de Jesús en las bodas de Caná.
3. La predicación de Jesús invitando a la conversión.
4. La Transfiguración de Jesús en el Monte Tabor.
5. La Institución de la Eucaristía en la última cena.

Misterios dolorosos (martes y viernes)

1. La agonía de Jesús en el Huerto de los Olivos.
2. La Flagelación de nuestro Señor Jesucristo.
3. La Coronación de espinas del Hijo de Dios.
4. La subida de Jesús al Calvario llevando la Cruz a cuestas.
5. La Crucifixión y la Muerte del Señor.

Misterios gloriosos (miércoles y domingo)

1. La Resurrección del Hijo de Dios.
2. La Ascensión de Nuestro Señor Jesucristo al Cielo.
3. La Venida del Espíritu Santo sobre la Virgen María y los Apóstoles.
4. La Asunción de María Santísima al Cielo.
5. La Coronación de María como Reina y Señora de todo lo creado.

CONCEDE A TUS FIELES, Señor Dios nuestro, que gocen siempre de la salud del cuerpo y del alma. Por la gloriosa intercesión de María

Santísima, siempre Virgen, sálvanos de los males que ahora nos afligen, y condúcenos a la alegría eterna. Por Cristo nuestro Señor. Amén.

VÍA CRUCIS

PUEDES TAMBIÉN REZAR el «Vía Crucis» leyendo la oración abajo:

En el nombre del Padre, del Hijo Y del Espíritu Santa. Amén.

ACTO DE CONTRICIÓN:

Señor mío Jesucristo, Dios y hombre verdadero, Padre, Creador y Redentor mío, por ser Vos quien sois, y porque os amo sobre todas las cosas, me pesa de todo corazón haberos ofendido, y propongo firmemente la enmienda de nunca más pecar, de apartarme de las malas ocasione, confesarme, y cumplir la penitencia que se me fuere impuesta. Os ofrezco Señor mi vida, obras y trabajos en satisfacción de todos mis pecados; y confío en vuestra bondad, y misericordia infinita me los perdonaréis, y me daréis gracia para enmendarme, y para perseverar en vuestro santo servicio hasta el fin de mi vida. Amén.

PRIMERA ESTACIÓN: JESÚS ES CONDENADO A MUERTE.

TE ADORAMOS, OH CRISTO, y te bendecimos. R/ Porque por tu santa Cruz redimiste al mundo y a mí pecador.

Lectura del Evangelio según san Juan (19:14-16):

Era el día de la Preparación de la Pascua, alrededor del mediodía. Pilato dijo a los judíos: «Aquí tienen a su rey». Ellos vociferaban: «¡Que muera! ¡Que muera!

¡Crucifícalo!». Pilato les dijo: «¿Voy a crucificar a su rey?». Los sumos sacerdotes respondieron: «No tenemos otro rey que el César». Entonces Pilato se lo entregó para que lo crucifiquen, y ellos se lo llevaron.

REFLEXION: ¿Pilato entrega a Jesús para que lo crucifiquen, queremos seguir siendo cómplices de este acto abandonando a Jesús? ¿Cuántas veces hemos sido jueces de nuestro prójimo? Señor, que el recordar la condena injusta que tu sufriste, nos cuidemos de no condenar a los demás y de no abandonarte a ti.

Jesús pequé: ten piedad y misericordia de mí.

Padre nuestro, que estás en el cielo, santificado sea tu Nombre; venga a nosotros tu reino; hágase tu voluntad en la tierra como en el cielo. Danos hoy nuestro pan de cada día perdona nuestras ofensas, como también nosotros perdonamos a los que nos ofenden; no nos dejes caer en la tentación, y líbranos del mal. Amén.

Jesucristo fue obediente hasta la muerte. R/ Y recibió muerte de cruz para salvarnos.

SEGUNDA ESTACIÓN: JESÚS CON LA CRUZ A CUESTAS

TE ADORAMOS, OH CRISTO, y te bendecimos. R/ Porque por tu santa Cruz redimiste al mundo y a mí pecador.

Lectura del Evangelio según san Marcos (15:20): Después de haberse burlado de él, le quitaron el manto de púrpura y le pusieron de nuevo sus vestiduras. Luego lo hicieron salir para crucificarlo.

REFLEXION: Estamos aceptando nuestra cruz valientemente, como lo hizo Jesús. Sigamos el ejemplo de Él; que aceptó la cruz, por nosotros, mucho antes de que se la dieran y sin saber lo que pesaba. Señor, ayúdanos a evitar las excusas, para aceptar nuestra cruz con amor y ayudar a los demás a llevar sus cargas.

Jesús pequé: ten piedad y misericordia de mí. Padre nuestro, que estás en el cielo, santificado sea tu Nombre; venga a nosotros tu reino; hágase tu voluntad en la tierra como en el cielo. Danos hoy nuestro pan de cada día perdona nuestras ofensas, como también nosotros perdonamos a los que nos ofenden; no nos dejes caer en la tentación, y líbranos del mal. Amén.

Jesucristo fue obediente hasta la muerte. R/ Y recibió muerte de cruz para salvarnos.

TERCERA ESTACIÓN: JESÚS CAE POR PRIMERA VEZ

TE ADORAMOS, OH CRISTO, y te bendecimos. R/ Porque por tu santa Cruz redimiste al mundo y a mí pecaddor.

Lectura del Evangelio según la Carta del Apóstol san Pablo a los Filipenses (2:6-8):

Él, que era de condición divina, no consideró esta igualdad con Dios como algo que debía guardar celosamente: al contrario, se anonadó a sí mismo, tomando la condición de servidor y haciéndose semejante a los hombres. Y presentándose con aspecto humano, se humilló hasta aceptar por obediencia la muerte y muerte de cruz.

REFLEXION: Jesús muere por nuestros pecados, no los pecados de los otros solamente, mis pecados y tus pecados lo llevaron a la cruz para perdonarnos. Así que debemos perdonar a los demás y saber levantarnos cuando caemos; otra vez en el pecado. Señor, el que camina, alguna vez cae y, que ayúdanos a saber levantarnos y asistir a los demás a seguir caminando.

Jesús pequé: ten piedad y misericordia de mí.

Padre nuestro, que estás en el cielo, santificado sea tu Nombre; venga a nosotros tu reino; hágase tu voluntad en la tierra como en el cielo. Danos hoy nuestro pan de cada día perdona nuestras ofensas, como también nosotros perdonamos a los que nos ofenden; no nos dejes caer en la tentación, y líbranos del mal. Amén.

Jesucristo fue obediente hasta la muerte. R/ Y recibió muerte de cruz para salvarnos.

CUARTA ESTACIÓN: JESÚS ENCUENTRA A SU MADRE MARÍA

TE ADORAMOS, OH CRISTO, y te bendecimos. R/ Porque por tu santa Cruz redimiste al mundo y a mí pecador.

Lectura del Evangelio según san Lucas (2:34-35.51b): Simeón, después de bendecirlos, dijo a María, la madre:

«Este niño será causa de caída y de elevación para muchos en Israel; será signo de contradicción, y a ti misma una espada te atravesará el corazón. Así se manifestarán claramente los pensamientos íntimos de muchos». Su madre conservaba estas cosas en su corazón.

REFLEXION: Qué sintieron Jesús y su madre María, cuando Él con la cruz acuesta cruza su mirada con la mirada de su madre, un gran dolor en su corazón; pero Jesús, a pesar de ver el sufrimiento de su madre, siguió adelante valientemente y sin miedo. Señor, enséñanos a no tener miedo a nada, a mirar a nuestro prójimo con amor y te pedimos bendigas a todas las madres que en este mundo sufren de alguna manera.

Jesús pequé: ten piedad y misericordia de mí.

Padre nuestro, que estás en el cielo, santificado sea tu Nombre; venga a nosotros tu reino; hágase tu voluntad en la tierra como en el cielo. Danos hoy nuestro pan de cada día perdona nuestras ofensas, como también nosotros perdonamos a los que nos ofenden; no nos dejes caer en la tentación, y líbranos del mal. Amén.

Jesucristo fue obediente hasta la muerte. R/ Y recibió muerte de cruz para salvarnos.

QUINTA ESTACIÓN: SIMÓN EL CIRINEO AYUDA A JESÚS A LLEVAR LA CRUZ

TE ADORAMOS, OH CRISTO, y te bendecimos. R/ Porque por tu santa Cruz redimiste al mundo y a mí pecador.

Lectura del Evangelio según san Lucas (23:26): Cuando lo llevaban, detuvieron a un tal Simón de Cirene, que volvía del campo, y lo cargaron con la cruz, para que la llevara detrás de Jesús.

REFLEXION: ¡Qué pesada es la Cruz y Jesús se nos puede morir en el camino! Pensó el soldado. Por lo que, le pide a Simón el Cirineo que ayude a Jesús a cargar la Cruz; quién a lo mejor reaccionó diciendo: "¿Por qué me escoges a mí?". Tú y yo estaríamos dispuestos a ayudar con piedad a Jesús a llevar su Cruz. Señor, dame una gran disponibilidad para que sea capaz de dar sin medida y muéstrame la grandeza de los que dan con alegría.

Jesús pequé: ten piedad y misericordia de mí.

Padre nuestro, que estás en el cielo, santificado sea tu Nombre; venga a nosotros tu reino; hágase tu voluntad en la tierra como en el cielo. Danos hoy nuestro pan de cada día perdona nuestras ofensas, como también nosotros perdonamos a los que nos ofenden; no nos dejes caer en la tentación, y líbranos del mal. Amén.

Jesucristo fue obediente hasta la muerte. R/ Y recibió muerte de cruz para salvarnos.

SEXTA ESTACIÓN: VERÓNICA LIMPIA EL ROSTRO DE JESÚS

TE ADORAMOS, OH CRISTO, y te bendecimos. R/ Porque por tu santa Cruz redimiste al mundo y a mí pecador.

Lectura del Evangelio según el profeta Isaías (52:14): Así como muchos quedaron horrorizados a causa de él, porque estaba tan desfigurado que su aspecto no era el de un hombre y su apariencia no era más la de un ser humano.

REFLEXION: Verónica corre con valentía y horrorizada a limpiar el rostro desfigurado de Jesús; maltratado por: los golpes, el sudor, la saliva, bofetadas, la fatiga y el polvo que recoge al caer y golpear el piso. Verónica limpia con el lienzo el rostro de Jesús y, nos revela la imagen de Jesús el Salvador. Señor, dame la valentía para encontrarte en el enfermo, en el dolor de un ser querido y en el pobre que no tienen pan y no te tienen a ti.

Jesús pequé: ten piedad y misericordia de mí.

Padre nuestro, que estás en el cielo, santificado sea tu Nombre; venga a nosotros tu reino; hágase tu voluntad en la tierra como en el cielo. Danos hoy nuestro pan de cada día perdona nuestras ofensas, como también nosotros perdonamos a los que nos ofenden; no nos dejes caer en la tentación, y líbranos del mal. Amén.

Jesucristo fue obediente hasta la muerte. R/ Y recibió muerte de cruz para salvarnos.

SÉPTIMA ESTACIÓN: JESÚS CAE POR SEGUNDA VEZ

TE ADORAMOS, OH CRISTO, y te bendecimos. R/ Porque por tu santa Cruz redimiste al mundo y a mí pecador.

Lectura del Evangelio según el profeta Isaías (53:4-5): Pero él soportaba nuestros sufrimientos y cargaba con nuestra dolencia, y nosotros lo considerábamos golpeado, herido por Dios y humillado. Él fue traspasado por nuestras rebeldías y triturado por nuestras iniquidades. El castigo que nos da la paz recayó sobre él y por sus heridas fuimos sanados.

REFLEXION: Jesús cae por segunda vez, el cansancio y el peso de la cruz vencen sus fuerzas. Aun así, Jesús, se vuelve a levantar sacando su energía humana para seguir hacia su destino. Señor, danos energía y se misericordiosos con nosotros. Ayudándonos a levantarnos para seguir caminando hacia Ti arrepentidos, después de haberte ofendido con nuestros pecados y abandono. Señor, ten misericordia de nosotros.

Jesús pequé: ten piedad y misericordia de mí.

Padre nuestro, que estás en el cielo, santificado sea tu Nombre; venga a nosotros tu reino; hágase tu voluntad en la tierra como en el cielo. Danos hoy nuestro pan de cada día perdona nuestras ofensas, como también nosotros perdonamos a los que nos ofenden; no nos dejes caer en la tentación, y líbranos del mal. Amén.

Jesucristo fue obediente hasta la muerte. R/ Y recibió muerte de cruz para salvarnos.

OCTAVA ESTACIÓN: JESÚS CONSUELA A LAS MUJERES QUE LLORAN POR ÉL

TE ADORAMOS, OH CRISTO, y te bendecimos. R/ Porque por tu santa Cruz redimiste al mundo y a mí pecador.

Lectura del Evangelio según san Lucas (23:27-28):

Lo seguían muchos del pueblo y un buen número de mujeres, que se golpeaban el pecho y se lamentaban por él. Pero Jesús, volviéndose hacia ellas, les dijo: «¡Hijas de Jerusalén!, no lloren por mí; lloren más bien por ustedes y por sus hijos».

REFLEXION: Jesús agobiado por todo el sufrimiento aún no piensa en Él, sino en nosotros y en medio de su pasión, se dirige a un grupo de mujeres piadosas que lloraban desconsoladas. Señor, por qué no quieres que tengamos compasión de Ti, cuando te miramos en tu sufrimiento; ayúdanos a ser misericordiosos como Tú, para que no nos encerremos en nuestros problemas y, más bien enséñanos a consolar.

Jesús pequé: ten piedad y misericordia de mí.

Padre nuestro, que estás en el cielo, santificado sea tu Nombre; venga a nosotros tu reino; hágase tu voluntad en la tierra como en el cielo. Danos hoy nuestro pan de cada día perdona nuestras ofensas, como también nosotros perdonamos a los que nos ofenden; no nos dejes caer en la tentación, y líbranos del mal. Amén.

Jesucristo fue obediente hasta la muerte. R/ Y recibió muerte de cruz para salvarnos.

NOVENA ESTACIÓN: JESÚS CAE POR TERCERA VEZ

TE ADORAMOS, OH CRISTO, y te bendecimos. R/ Porque por tu santa Cruz redimiste al mundo y a mí pecador.

Lectura del Evangelio según la Primera Carta del Apóstol san Pedro (2:21-24):

A esto han sido llamados, porque también Cristo padeció por ustedes, y les dejó un ejemplo a fin de que sigan sus huellas. El no cometió pecado y nadie pudo encontrar una mentira en su boca.

REFLEXION: Jesús cae una vez más, por tercera vez, golpeando su cara y boca al suelo. Qué dolor, cómo se le hace más difícil el camino al Monte Calvario, paso a paso más imposible, casi no puede hacerlo, pero se vuelve a levantar valientemente. Señor, aparta de mi toda amargura, que no ponga obstáculos a los demás; sino más bien una mano amiga que alivie y de confianza.

Jesús pequé: ten piedad y misericordia de mí.

Padre nuestro, que estás en el cielo, santificado sea tu Nombre; venga a nosotros tu reino; hágase tu voluntad en la tierra como en el cielo. Danos hoy nuestro pan de cada día perdona nuestras ofensas, como también nosotros perdonamos a los que nos ofenden; no nos dejes caer en la tentación, y líbranos del mal. Amén.

Jesucristo fue obediente hasta la muerte. R/ Y recibió muerte de cruz para salvarnos.

DÉCIMA ESTACIÓN: JESÚS ES DESPOJADO DE SUS VESTIDURAS

TE ADORAMOS, OH CRISTO, y te bendecimos. R/ Porque por tu santa Cruz redimiste al mundo y a mí pecador.

Lectura del evangelio según san Mateo (27:33-36): Cuando llegaron al lugar llamado Gólgota, que significa «lugar del Cráneo», le dieron de beber vino con hiel. Él lo probó, pero no quiso tomarlo. Después de crucificarlo, los soldados sortearon sus vestiduras y se las repartieron; y sentándose allí, se quedaron para custodiarlo. Entonces lo desvistieron y le pusieron un manto rojo.

REFLEXION: Llegando al Monte Calvario, los soldados apresuradamente y ausentes de piedad despojan a Jesús de sus ropas. Ya el final de Jesús está cerca, el perdón del Mundo cerca – Él dando su vida por cada uno de Nosotros –. Señor, ayúdanos a llenarnos de Ti, danos mucha fe cuando el dolor nos toque y, que reconozcamos el poco valor que tienen los caprichos, lujos y vanidades.

Jesús pequé: ten piedad y misericordia de mí.

Padre nuestro, que estás en el cielo, santificado sea tu Nombre; venga a nosotros tu reino; hágase tu voluntad en la tierra como en el cielo. Danos hoy nuestro pan de cada día perdona nuestras ofensas, como también nosotros perdonamos a los que nos ofenden; no nos dejes caer en la tentación, y líbranos del mal. Amén.

DÉCIMO PRIMERA ESTACIÓN: JESÚS ES CLAVADO EN LA CRUZ

TE ADORAMOS, OH CRISTO, y te bendecimos. R/ Porque por tu santa Cruz redimiste al mundo y a mí pecador.

Lectura del Evangelio según san Lucas (23:33-34): Cuando llegaron al lugar llamado «del Cráneo», lo crucificaron junto con los malhechores, uno a su derecha y el otro a su izquierda. Jesús decía: «Padre, perdónalos, porque no saben lo que hacen». Después se repartieron sus vestiduras, sorteándolas entre ellos.

REFLEXION: Piensa en el gran dolor que sintió Jesús cuando le clavaron el primer clavo a través de su mano, después de todo lo que sufrió camino al Calvario; eso, no fue suficiente, tenía que sufrir más aún por nosotros. Otro y otro y otro, uno a uno, los clavos fueron traspasando sus manos y sus pies. Señor, que tengamos el valor y la voluntad de perdonar a todos los que nos ofenden.

Jesús pequé: ten piedad y misericordia de mí.

Padre nuestro, que estás en el cielo, santificado sea tu Nombre; venga a nosotros tu reino; hágase tu voluntad en la tierra como en el cielo. Danos hoy nuestro pan de cada día perdona nuestras ofensas, como también nosotros perdonamos a los que nos ofenden; no nos dejes caer en la tentación, y líbranos del mal. Amén.

Jesucristo fue obediente hasta la muerte. R/ Y recibió muerte de cruz para salvarnos.

DÉCIMO SEGUNDA ESTACIÓN: JESÚS MUERE EN LA CRUZ

TE ADORAMOS, OH CRISTO, y te bendecimos. R/ Porque por tu santa Cruz redimiste al mundo y a mí pecador.

Lectura del Evangelio según san Lucas (23:44-46):

Era alrededor del mediodía. El sol se eclipsó y la oscuridad cubrió toda la tierra hasta las tres de la tarde. El velo del Templo se rasgó por el medio. Jesús, con un grito, exclamó: «Padre, en tus manos encomiendo mi espíritu». Y diciendo esto, expiró.

REFLEXION: Jesús en la Cruz muriéndose lentamente, de un lado los soldados indiferentes repartiéndose las vestiduras, del otro lado una Madre sufriendo, ¿llorando silenciosamente viendo a su hijo morir? ¡Desolación y dolor!? Nosotros, aquí viendo esta escena sabiendo que la Redención de nuestros pecados llega con un grito de Jesús encomendándose al Padre. Señor, perdónanos por haberte hecho sufrir tanto y danos la fuerza para no caer en el pecado y si así lo hiciéramos que nos levantemos rápidamente, acudiendo con frecuencia al sacramento del Perdón.

Jesús pequé: ten piedad y misericordia de mí.

Padre nuestro, que estás en el cielo, santificado sea tu Nombre; venga a nosotros tu reino; hágase tu voluntad en la tierra como en el cielo. Danos hoy nuestro pan de cada día perdona nuestras ofensas, como también nosotros perdonamos a los que nos ofenden; no nos dejes caer en la tentación, y líbranos del mal. Amén.

Jesucristo fue obediente hasta la muerte. R/ Y recibió muerte de cruz para salvarnos.

DÉCIMO TERCERA ESTACIÓN: JESÚS BAJADO DE LA CRUZ Y PUESTO EN BRAZOS DE SU MADRE

TE ADORAMOS, 0H CRISTO, y te bendecimos. R/ Porque por tu santa Cruz redimiste al mundo y a mí pecador.

Lectura del Evangelio según san Lucas (23:50-53):

Llegó entonces un miembro del Consejo, llamado José, hombre recto y justo, que había disentido con las decisiones y actitudes de los demás. Era de Arimatea, ciudad de Judea, y esperaba el Reino de Dios. Fue a ver a Pilato para pedirle el cuerpo de Jesús. Después de bajarlo de la cruz, lo envolvió en una sábana y lo colocó en un sepulcro cavado en la roca, donde nadie había sido sepultado.

REFLEXION: La Virgen María recibe con gran amor y cariño el cuerpo de su hijo bajado de la Cruz. Lo contempla, lo abraza y lo muestra al Mundo. A pesar de que su corazón ha sido atravesado por una daga de dolor y su Hijo muere víctima de nuestros pecados; la Virgen María nos responde con ternura de madre. Señor, que el dolor por quienes amamos nos lleve a comprender tu pasión y tu sufrimiento por nosotros.

Jesús pequé: ten piedad y misericordia de mí.

Padre nuestro, que estás en el cielo, santificado sea tu Nombre; venga a nosotros tu reino; hágase tu voluntad en la tierra como en el cielo. Danos hoy nuestro pan de cada día perdona nuestras ofensas, como también nosotros perdonamos a los que nos ofenden; no nos dejes caer en la tentación, y líbranos del mal. Amén.

Jesucristo fue obediente hasta la muerte. R/ Y recibió muerte de cruz para salvarnos.

DÉCIMA CUARTA ESTACIÓN: JESÚS ES SEPULTADO

TE ADORAMOS, OH CRISTO, y te bendecimos. R/ Porque por tu santa Cruz redimiste al mundo y a mí pecador.

Lectura del Evangelio según san Mateo (27:59-60): Entonces José tomó el cuerpo, lo envolvió en una sábana limpia y lo depositó en un sepulcro nuevo que se había hecho cavar en la roca. Después hizo rodar una gran piedra a la entrada del sepulcro, y se fue.

REFLEXION: Un gran silencio ronda alrededor y dentro del sepulcro, el cuerpo de Jesús yace en el sepulcro. Sí, su cuerpo descansa, pero su espíritu no lo hace: baja a los infiernos y nos abre las puertas del Cielo. Señor, enséñanos a obrar en silencio y serenos; que sepamos rezar y hablar juntos, para poder entender todo lo que hiciste por nosotros.

Jesús pequé: ten piedad y misericordia de mí.

Padre nuestro, que estás en el cielo, santificado sea tu Nombre; venga a nosotros tu reino; hágase tu voluntad en la tierra como en el cielo. Danos hoy nuestro pan de cada día perdona nuestras ofensas, como también nosotros perdonamos a los que nos ofenden; no nos dejes caer en la tentación, y líbranos del mal. Amén.

Jesucristo fue obediente hasta la muerte. R/ Y recibió muerte de cruz para salvarnos.

ORACIÓN FINAL: Señor Jesús, hemos llegado al final de este camino doloroso que tú recorriste. Ahora levantamos nuestra vista y te vemos suspendido en la cruz, con las manos y los pies traspasados por los clavos y con la cabeza coronada de espinas. Sabemos Señor Jesús, que tu sufrimiento es el fruto de tu infinito amor por nosotros. Tú agonizas y mueres por nosotros. Haz que también nosotros te amemos mucho, para que vivamos fielmente tu pasión y muerte y jamás nos separemos de ti por el pecado.

Te lo pedimos por los dolores de tu madre la Virgen Marías. Amén.

DESPEDIDA: Recordemos las palabras del ángel: «No teman, sé que buscan al crucificado. No está aquí, ha resucitado como lo había dicho. Vayan aprisa a decir a sus Discípulos: ¡ha resucitado!».

CONCLUSIÓN

Llegar al final de este compendio es como cerrar un capítulo lleno de memorias, de susurros de fe y de ese calor que solo el amor de una abuelita puede brindar. A través de estas oraciones, no solo hemos revivido plegarias antiguas, sino también la esencia de aquellos momentos sagrados en los que dos generaciones se unían en un mismo sentir: la confianza en la fuerza divina.

Cada una de estas oraciones es un legado, un pequeño tesoro que guarda en sus palabras la sabiduría y el amor de nuestras abuelas. Rezarlas hoy es volver a sentir esa paz y protección que nos ofrecían, es abrazar una tradición que nos recuerda de dónde venimos y cuál es el camino hacia donde debemos ir.

Al terminar estas páginas, el corazón queda lleno de gratitud. Gratitud por la fe compartida, por las enseñanzas recibidas y, sobre todo, por el privilegio de haber aprendido a orar de la mano de quienes, con su ejemplo, nos enseñaron el valor de confiar en lo divino.

Este libro no se cierra aquí; queda abierto cada vez que uno de estos rezos se eleva al cielo, cada vez que la voz se une con la memoria en un acto de amor y devoción. Que este compendio siga siendo una fuente de consuelo, una guía en tiempos de incertidumbre y, sobre todo, un lazo vivo entre el pasado y el presente, entre la fe y el amor.

Don't miss out!

Visit the website below and you can sign up to receive emails whenever Esmeralda Morán publishes a new book. There's no charge and no obligation.

https://books2read.com/r/B-A-HQSUB-CAXZE

BOOKS 2 READ

Connecting independent readers to independent writers.

Did you love *Compendio de Oraciones que Rezaba Junto a mi Abuelita*? Then you should read *Cómo Rezar el Santo Rosario Cada día. Versión Corta*[1] by Esmeralda Morán!

[2]

"Cómo rezar el Santo Rosario cada día" está dirigido a todas las personas sin importar edad, raza, sexo, religión (si creo o no creo en una iglesia). Pueden aprender a rezar en forma de lectura tanto niños, adolescentes, jóvenes, adultos, ancianos, etc. Toda persona que desee dirigirse a Dios ya María. Dios es quien concede los anhelos de nuestro corazón. María ejerce como fiel y leal intercesora, Ella lleva nuestras peticiones que suplicamos directamente al Padre pues María ha demostrado que es un puente entre la humanidad y Dios. Por ello, rezar cada día rinde frutos en abundancia al verificar que Dios oye nuestras súplicas y podemos sentirnos protegidos en todo momento y en todo lugar. Incluso, Él oye

---

1. https://books2read.com/u/b5z0M6

2. https://books2read.com/u/b5z0M6

aunque tú seas de una comunidad diferente a la establecida por la sociedad, puesto que se ha demostrado que Dios está en cada uno de sus hijos que le buscan y que practican sus Mandamientos.

Puedo asegurarte que, así como Jesús no juzgó a la mujer que apedreaban por adulterio, así tampoco Él juzgará lo que seas aquí en el mundo. Si eres bueno, si ayudas a los más indefensos y si protege a los desvalidos, si tú das sin esperar nada a cambio... todo ello es señal de que el verdadero Dios habita en tu alma.

Por lo tanto, tú puedes rezar el Santo Rosario usando este libro a manera de lectura guiada para cada día de la semana.

No necesitas saber de memoria cada Oración que se reza en el Santo Rosario, puesto que este libro contiene cada una de esas Oraciones de manera escrita en cada momento puntual, para que las puedas leer paso a paso.

No te llevarás más de cuarenta y cinco minutos rezar completo este hermoso devocionario siguiendo punto a punto este libro.

Lo puedes rezar a manera de lectura tanto solo como acompañado por tu familia, amistades o compañeros. Incluso, tampoco necesitas tener en tus manos un Rosario como el que usan en determinada iglesia.

Rezar el Santo Rosario cada día tiene múltiples beneficios espirituales, emocionales y mentales. Aquí te dejo una descripción de porqué es importante hacerlo los 7 días de la semana:

1. Fortalecimiento de la Fe

El Santo Rosario es una práctica devocional. Rezar el Rosario diariamente permite a los creyentes profundizar en su fe y fortalecer su relación con Dios.

2. Guía Espiritual y Reflexión

Cada día de la semana se medita sobre un conjunto diferente de misterios (gozosos, luminosos, dolorosos y gloriosos), lo cual ofrece una guía espiritual estructurada que abarca la totalidad de la experiencia de Jesús, de María y de Dios. Ello fomentará un crecimiento espiritual continuo.

3. Paz y Serenidad

El acto de rezar el Rosario tiene un efecto calmante y puede ayudar a reducir el estrés y la ansiedad. La lectura de las oraciones y la meditación en los misterios proporcionan un tiempo de tranquilidad y paz interior en medio de la vida cotidiana agitada.

4. Disciplina y Compromiso

Rezar el Rosario diariamente requiere disciplina y compromiso. Esta práctica diaria puede fortalecer la voluntad y fomentar una actitud de perseverancia y dedicación en otras áreas de la vida.

5. Transformación Personal

La meditación diaria en los misterios del Rosario puede conducir a una transformación personal, alentando a los fieles a vivir de acuerdo con los valores de amor, humildad, paciencia y caridad. Este proceso de transformación personal es continuo y se alimenta de la constancia en la oración.

Also by Esmeralda Morán

1 Misterios Gozosos (Lunes y Sábado)
Cómo Rezar el Santo Rosario Cada día (Misterios Gozosos)

CÓMO REZAR EL SANTO ROSARIO CADA DÍA. (VERSIÓN CORTA)
Cómo Rezar el Santo Rosario Cada día. Versión Corta

SERIE 2. MISTERIOS DOLOROSOS (MARTES Y VIERNES)
CÓMO REZAR EL SANTO ROSARIO. Misterios Dolorosos

SERIE 3. MISTERIOS GLORIOSOS. Miércoles y domingo
Cómo Rezar el Santo Rosario Cada día. Misterios Gloriosos

SERIE 4. MISTERIOS LUMINOSOS (JUEVES)
CÓMO REZAR EL SANTO ROSARIO. Misterios Luminosos

SERIE 6. Cómo Rezar el Santo Rosario Cada día. (Versión Completa)
Cómo Rezar el Santo Rosario Cada día

Standalone
Compendio de Oraciones que Rezaba Junto a mi Abuelita
Los Diez Mandamientos
Los Siete Pecados Capitales
Los Doce Apóstoles. Vida, Obra y Muerte
La Sagrada Familia. Jesús, María y José
Los Papas. Desde Pedro Hasta hoy
Coronilla de la Divina Misericordia
Las Diferentes Advocaciones de la Virgen María en el Mundo
Los Sacramentos de la Iglesia Católica
Los Videntes de la Virgen María
Los Dogmas Marianos
Entre las Escrituras: Un Viaje a Través de los Evangelistas, las Sagradas
Escrituras y las Tradiciones Religiosas
Vía Crucis. Fundamentos Teóricos y Bíblicos

About the Author

Soy fiel creyente que Dios ama a toda su creación. Nadie vale más que nadie para Él y está muy orgulloso de cada persona porque es a imagen y semejanza de Él.